LEON

Brownies, Müsliriegel & Muffins

NATÜRLICH SCHNELLE REZEPTE

HAVE
YOUR CAKE
AND EAT
IT

LEON

Brownies, Müsliriegel & Muffins

NATÜRLICH SCHNELLE REZEPTE

Von Henry Dimbleby, Kay Plunkett-Hogge, Claire Ptak & John Vincent

FOTOGRAFIEN VON GEORGIA GLYNN SMITH • DESIGN VON ANITA MANGAN

DUMONT

Inhalt

Einleitung

Die Gründung von Leon beruhte auf der Überzeugung, dass Essen gut schmecken und gut tun sollte.

Sie denken jetzt vielleicht, dass die Rezepte in diesem Buch nur die Hälfte davon erfüllen. Sie sehen verführerisch aus, hören sich unanständig an und schmecken wie die Sorte Verlockungen, die normalerweise mit einer Extraportion Schuldgefühl daherkommen. Und doch sind mehr als die Hälfte dieser Rezepte weizenfrei, zuckerfrei oder milchfrei und bieten eine Menge an veganen und glutenfreien Möglichkeiten. Dies ist ein Buch für diejenigen unter Ihnen, die alles auf einmal haben wollen.

Die Rezepte (eine Auswahl der besten aus den großen Leon-Büchern) sind sehr unkompliziert und so gewählt, dass für jede Gelegenheit etwas dabei ist. Es ist zum Beispiel wissenschaftlich erwiesen, dass es Ihre Beliebtheit bei Kollegen erhöht, wenn Sie die Gesunden Brownies (s. S. 10) mit zur Arbeit nehmen.

Der Cashewriegel (s. S. 26) eignet sich ideal für einen schuldgefühlsfreien Vormittagssnack oder für die Lunchbox Ihres Kindes. Probieren Sie Violets Kokosmakronen (siehe Seite 39) zu einem schicken Nachmittagstee – es ist eines dieser unglaublich einfachen Rezepte, die fast lächerlich elegant wirken. Oder den würzigen Honig-Orangen-Kuchen (siehe Seite 18), wenn es ein bisschen sinnenfreudiger zugehen soll.

Die Hafermuffins (s. S. 48) sind der perfekte Kickstarter in den Tag, oder versuchen Sie die Lachs-Dill-Muffins unserer Freundin Rebecca (s. S. 45), wenn Sie es morgens lieber pikant mögen.

Was uns jedoch am wichtigsten ist: benutzen Sie es. Wir hoffen, dass dieses Buch einen ständigen Platz in Ihrer Küche findet und mit der Zeit ganz verschmiert von Teig, verklebt mit Toffee und voll von Eselsohren ist. Fröhliches Backen!

Henry & John

BROWNIES & MÜSLIRIEGEL

Gesunde Brownies

ERGIBT 12 GROSSE BROWNIES • VORBEREITUNGSZEIT: 25 MINUTEN
GARZEIT: 25 MINUTEN • ✓ WF GF

Wir verkaufen diese Brownies bei Leon, seit wir 2004 unser erstes Restaurant in der Londoner Carnaby Street eröffneten. Diese zucker- und weizenfreien Snacks werden in Dorset von einer unserer Lieblingsbäckerinnen, Emma Goss-Custard, gebacken. Emmas Geniestreich bestand darin, die kleinen Schokostückchen zuzufügen, die einen perfekten Kontrast zum köstlich weichen Inneren bilden.

180 g **Butter**, plus zusätzlich Butter zum Einfetten
200 g **Zartbitterschokolade** (54 % Kakaoanteil)
1 **Orange**
2 TL **Espresso** oder **starker Kaffee**
80 g **ganze Mandeln** (ungeschält)
4 **Bio-Eier**
100 g **gemahlene Mandeln**
160 g **Zartbitterschokolade** (54 % Kakaoanteil), in Stücken
160 g **dunkle Edelbitterschokolade** (70 % Kakaoanteil), in Stücken
150 g **Fruktose**
1 Prise **Meersalz**
3–4 Tropfen **Vanillearoma**

1. Heizen Sie den Backofen auf 180 °C/Gas Stufe 4 vor. Fetten Sie eine 30 cm x 20 cm x 5 cm große Backform mit Butter ein.
2. Zerlassen Sie die Butter in einem kleinen Topf und lassen Sie sie etwas abkühlen.
3. Zerlassen Sie 200 g Schokolade in einem Wasserbad und rühren Sie dabei gut um. Reiben Sie die Orangenschale direkt in die Schokolade.
4. Fügen Sie den Kaffee und die zerlassene Butter hinzu.
5. Rösten Sie die Mandeln auf einem Backblech 10 Minuten im Ofen und hacken Sie sie in grobe Stücke.
6. Schlagen Sie die Eier in einer Schüssel auf. Geben Sie die gemahlenen und gehackten Mandeln, alle Schokoladenstücke und die Fruktose zu. Fügen Sie Salz und Vanillearoma zu und rühren Sie die Schokoladenmischung unter.

7. Mixen Sie den Teig, bis er eine cremige Konsistenz hat. Rühren Sie aber nicht zu stark, sonst werden die Brownies nach dem Backen krümelig.
8. Geben Sie den Teig in die Backform und backen Sie ihn ca. 20–25 Minuten im Ofen. Wenn die Ecken leicht kross werden, aber die Mitte noch weich ist, sind die Brownies fertig.
9. Nehmen Sie die Form aus dem Ofen und lassen Sie die Brownies auskühlen.

TIPPS

* Fruktose wird beim Backen viel dunkler als Zucker. Die Brownies haben eine glänzende Oberfläche und sehen aus, als wären sie noch nicht gar. Sie sind es aber schon, backen Sie sie also nicht zu lange.
* Sie können die Fruktose durch 180 g Zucker ersetzen.

Flatplanet-Brownies

ERGIBT 12–16 STÜCK • VORBEREITUNGSZEIT: 10 MINUTEN + KÜHLZEIT
GARZEIT: 1 STUNDE 25 MINUTEN • WF GF V

Obwohl Leon seine erste Liebe ist, hat John auch einige Zeit an einem kleinen Konzept namens Flatplanet gearbeitet. Es ist sein Versuch, ein kleines Café zu kreieren, das all das vereint, was einen ursprünglichen Coffeeshop ausmacht, wo sich Menschen in einer positiven, energiegeladenen Umgebung mit gutem Essen und guten Ideen wiederfinden.
Er ist nicht der größte Fan von modernem Weizen. Bei Flatplanet gibt es also Dinkelfladenbrot sowie weizen- und glutenfreie Kuchen. Der berühmteste darunter ist der Brownie.
Die ursprünglich von Sarah Jenkins entwickelten Brownies werden nun von Sarah Hale für Flatplanet gebacken und von Ot mit unglaublicher Energie im Shop serviert.

450 g **Butter**, in Stücken
450 g **Schokolade** (Kakaoanteil mindestens 50 %), in Stücken
400 g **Zucker**
6 **Eier**
300 g **gemahlene Mandeln**

1. Den Ofen auf 120 °C vorheizen.
2. Die Butter bei sehr niedriger Temperatur in einem großen Stieltopf zerlassen. Wenn sie fast vollständig geschmolzen ist, die Schokolade zufügen und schmelzen lassen, sodass eine weiche Masse entsteht. Den Topf vom Herd nehmen und den Zucker einrühren.
3. Die Eier mit dem Schneebesen in einer separaten Schüssel zuerst leicht verquirlen und anschließend, ebenfalls mit dem Schneebesen, in die Schokomasse rühren. Die gemahlenen Mandeln zufügen und so lange weiterrühren, bis keine Klümpchen mehr zu sehen sind.
4. Eine 26 x 36 cm große Backform einfetten und mit Backpapier auslegen. Den Teig in die Form gießen und 70 Minuten, oder bis die Teigoberfläche aufbricht, im Ofen backen.
5. Den Brownie etwa 1 Stunde in der Form auskühlen lassen, da die Masse noch ziemlich weich sein wird.
6. Sobald der Brownie abgekühlt ist, kann er in Stücke geschnitten, aus der Form gehoben und verzehrt werden.

Tommis Früchtekuchen mit Rotwein

FÜR 8 PERSONEN • VORBEREITUNGSZEIT: 25 MINUTEN • GARZEIT: 45 MINUTEN • ✓ V

Rotwein und Feigen passen gut zusammen und zu diesen Gewürzen. Die Feigenkörnchen haben einen wunderbar knisternden Biss, wenn sie im Mund platzen.

375 ml **Rotwein**
375 g **getrocknete Feigen**, gehackt
1½ TL **gemahlener Zimt**
¼ TL **gemahlene Nelken**
125 g kalte **Butter**
250 g **Honig**, plus zusätzlich Honig zum Glasieren
1 **Bio-Ei**, kurz verquirlt
200 g **Dinkelmehl**
1½ TL **Backpulver**
1 TL **Natron**

1. Heizen Sie den Backofen auf 160 °C/Gas Stufe 3 vor und legen Sie eine 20 cm lange, rechteckige Backform mit Backpapier aus.
2. Kochen Sie Rotwein, Feigen und Gewürze in einem Topf auf.
3. Nehmen Sie den Topf vom Herd, sobald die Früchte etwas aufquellen (nach ca. 5 Minuten). Lassen Sie alles 10 Minuten abkühlen. Rühren Sie Butter und Honig unter und lassen Sie alles weitere 10 Minuten abkühlen. Rühren Sie das Ei ein.
4. Sieben Sie Mehl, Backpulver und Natron in eine Schüssel. Rühren Sie die Feigenmasse gut unter. Geben Sie den Teig in die Form.
5. Backen Sie den Kuchen ca. 45 Minuten, bis ein Holzstäbchen, das Sie hineinstechen, sauber bleibt. Lassen Sie den Kuchen in der Form auskühlen.

Das Fantastische an Claire ist, dass ihre Welt von Kuchen überquillt. Dieser Kuchen erhielt seinen Namen, als Claire mit unserer Freundin und Mitköchin Tommi Miers zum Essen kam. Es gab keinen Nachtisch, aber Claire hatte zufällig den Kuchen, ein Experiment, in ihrem Auto. Tommi spricht seitdem von diesem Kuchen: „Der beste Kuchen, den ich je gegessen habe. Er saß einfach nur da. In ihrem Auto!"

HENRY

TIPPS

* Servieren Sie den Kuchen mit griechischem Joghurt oder saurer Sahne.
* Mit diesem Rezept können Sie Rotweinreste aufbrauchen.
* Kann als Nachtisch oder zum Kaffee serviert werden. Ein Stück in der Lunchbox ist auch ein großartiger Snack.

Honig-Rosen-Baklava

ERGIBT 18–24 STÜCK • VORBEREITUNGSZEIT: 35 MINUTEN + KÜHLZEIT • GARZEIT: 1 STUNDE • V

Sie gehören zu den schönsten Dingen überhaupt – dünne, knusprige Schichten aus filigranem Filoteig, zartes Rosenwasser und duftender Honig.

12 Blätter **Filoteig** (und ein paar Blätter mehr für Notfälle)
200 g **Butter**, zerlassen
1 EL **Orangenblütenhonig** für den letzten Schliff

Für den Sirup:
75 ml **Orangenblütenhonig**
55 ml **Wasser**
55 g **Feinstzucker**
2 EL **Rosenwasser**
1 Prise **gemahlener Zimt**
2 **Sternanis**

Für die Füllung:
225 g **brauner Zucker**
100 g **geschälte Pistazien**
125 g **Walnussstückchen**
100 g **gemahlene Mandeln**
50 g **Leinsamen**, geröstet
1 TL **gemahlener Zimt**
die Samen von 10 **Kardamomkapseln**
1 EL **getrocknete Rosenblätter** (optional)

1. Den Ofen auf 180 °C vorheizen. Eine 30 x 22 cm große Backform einfetten.
2. Alle Zutaten für die Füllung mit dem Mixer gut verrühren. Dabei soll aber kein Mus entstehen, eine etwas gröbere Konsistenz ist erwünscht. In einer Schüssel zur Seite stellen.
3. Den Filoteig aufrollen und die Blätter in der Mitte durchschneiden, sodass etwa 20 x 30 cm große Stücke entstehen. (Die Filoblätter mit einem feuchten Küchentuch abdecken, da sie schnell austrocknen.)
4. 10 Blätter übereinander in die Form legen, dabei jede einzelne Schicht mit der zerlassenen Butter einstreichen. Auf dem zehnten Blatt eine dicke Schicht Füllung verstreichen, 1 weiteres Filoblatt darauflegen und wieder mit Butter einstreichen. Darauf folgt eine zweite Schicht mit Füllung, dann Filoteig und so weiter, bis die Füllung aufgebraucht ist – das ist wahrscheinlich nach etwa 2 weiteren Schichten der Fall. Oben mit 10 Schichten Filoteig abschließen, wobei auch hier jede einzeln platziert und mit Butter eingestrichen werden muss, vor allem die letzte.

5. Das Baklava diagonal in kleine Rauten schneiden.
6. Für 45–60 Minuten in den Ofen stellen. (Am Ende soll die Oberfläche goldbraun und knusprig sein.)
7. Inzwischen den Sirup zubereiten: Die Zutaten langsam in einem Topf erwärmen und 5–10 Minuten köcheln lassen, bis ein schön dickflüssiger Sirup entstanden ist. Abkühlen lassen.
8. Sobald das Baklava aus dem Ofen kommt, den Sirup gleichmäßig auf der Oberfläche verteilen. Eventuell noch mit etwas Honig beträufeln und übrig gebliebene Füllung darüber verteilen. Das Baklava in der Form auskühlen lassen, dann vorsichtig herausheben und auf einem Teller anrichten. Wenn Ihnen der Sinn danach steht, dekorieren Sie das Baklava mit ein paar getrockneten Rosenblättern.

Würziger Honig-Orangen-Kuchen

ERGIBT 18–24 STÜCK • VORBEREITUNGSZEIT: 15 MINUTEN • GARZEIT: 2 STUNDEN • V GF

Kays Mann Fred liebt diese klebrigen, pappigen aber sooo köstlichen Honig-Kuchen, die man in orientalischen Bäckereien bekommt. Dieses Rezept wird seinem Geschmack gerecht, auch wenn es ohne Mehl zubereitet wird. Der Kuchen ist saftig und gehaltvoll und wird am besten in kleinen Stücken zu Pfefferminztee oder starkem Kaffee serviert.

1 große **Orange**
3 **Eier**
200 g **Feinstzucker**
1 EL **Orangenblütenhonig**
150 g **gemahlene Mandeln**
50 g **gemahlene Walnüsse**
2 EL **Buchweizenmehl**
1 TL **glutenfreies Backpulver**
¼ TL **gemahlener Zimt**
¼ TL **gemahlener Ingwer**
die Samen von 8–10 **Kardamomkapseln**, leicht zerstoßen
1 Prise **Salz**

Für den Sirup:
4 EL **Orangenblütenhonig**
2 EL **Orangenblütenwasser**

1. Die Orange in einen großen Topf mit kochendem Wasser geben und etwa 1 Stunde köcheln lassen, bis die Orange weich ist. Abtropfen lassen und zum Abkühlen zur Seite stellen. Anschließend vierteln, die Kerne entfernen und die Orangenstücke im Standmixer pürieren.
2. Den Ofen auf 180 °C vorheizen. Eine 23 x 23 cm große Form einfetten und mit Backpapier auslegen.
3. Eier und Zucker in einer Schüssel schaumig rühren. Den Honig zufügen und weitermixen. Die gemahlenen Mandeln und Walnüsse, das Buchweizenmehl, das Backpulver und die Gewürze unterrühren. Dann das Orangenpüree unterheben und alles gut vermischen.
4. Die Masse in die vorbereitete Form füllen und für 50–60 Minuten, bzw. bis der Teig aufgeht und oben schön goldbraun ist, im Ofen backen. Noch in der Form komplett auskühlen lassen.
5. Für den Sirup den Honig und das Orangenblütenwasser in einem Stieltopf bei niedriger Temperatur erhitzen, bis sich beide Zutaten zur einer gleichmäßigen Flüssigkeit verbunden haben.
6. Abgekühlten Kuchen auf dem Backpapier aus der Form heben, mit einem Löffel den Sirup darüberträufeln (wenn Sie ihn direkt aus dem Topf darüberleeren, neigt der Sirup dazu, herauszuplatschen). Den Sirup einziehen lassen und den Kuchen in Quadrate schneiden und servieren.

PULL
HER(E)

Sally Doltons Müsliriegel

ERGIBT: 16 • ZUBEREITUNGSZEIT: 15 MINUTEN • GARZEIT: 20 MINUTEN • ❤ ✓ MF V

Sally ist Stammgast bei LEON und schickte uns das Rezept ihrer Müsliriegel, als sie erfuhr, dass wir ein Kochbuch schreiben. Sie sind unglaublich gut.

270 g **Trockenfrüchte** (z. B. Aprikosen, Feigen, Datteln, Birnen etc. – entweder gemischt oder nur eine Sorte)
40 g **Nüsse** (z. B. Cashewkerne, Haselnüsse)
80 g **Kerne** (z. B. Kürbiskerne, Sonnenblumenkerne)
1 TL **gemahlener Zimt**
80 ml **Fruchtsaft** (z. B. Apfel- oder Traubensaft)
2 gestrichene EL **Honig**
60 g **Vollkornmehl**
120 g zarte **Haferflocken**

1. Den Backofen auf 190°C vorheizen.
2. Die Trockenfrüchte in den Mixer geben und gründlich klein hacken. Mit den Nüssen dasselbe machen. Trockenfrüchte, Nüsse, Kerne und Zimt in eine Schüssel geben.
3. Den Fruchtsaft und den Honig in einer großen, für alle Zutaten ausreichenden Pfanne erwärmen, bis sich der Honig aufgelöst hat. Das Mehl und die Haferflocken hinzugeben und die Früchte und Nüsse unterrühren.
4. Die Masse gleichmäßig auf einem 25 x 30 cm großen Backblech verteilen, so dass eine etwa 2,5 cm dicke Schicht entsteht. Falls das Backblech keine Antihaftbeschichtung hat, mit Backpapier auslegen.
5. 20 Minuten im Ofen backen oder länger, wenn die Riegel knuspriger sein sollen.
6. Nach dem Abkühlen in rechteckige Riegel schneiden. In einem luftdichten Behälter sind sie 2 Wochen haltbar.

TIPP

* Geben Sie eine Handvoll frischen geriebenen Ingwer hinzu.

SANDWICH
BOX

Nana Goys Müsliriegel

ERGIBT 16 STÜCK • VORBEREITUNGSZEIT: 10 MINUTEN • GARZEIT: 30–35 MINUTEN • V

Dieser Riegel ist wunderbar zart und knusprig. Wir machen ihn mit Cranberrys, Sie können aber auch jede andere Trockenfrucht nehmen (siehe Tipps unten).

225 g **getrocknete Cranberrys**
55 g **heller Zuckerrübensirup**
170 g **Butter**
100 g **Feinstzucker**
250 g **Haferflocken**

1. Heizen Sie den Backofen auf 170 °C/Gas Stufe 3½ vor und fetten Sie eine 20 cm x 20 cm große Backform mit Butter ein.
2. Lassen Sie die Cranberrys einige Minuten in heißem Wasser aufquellen. Gießen Sie das Wasser ab und hacken Sie große Früchte grob.
3. Zerlassen Sie Sirup, Butter und Zucker in einem Topf bei niedriger Hitze, bis der Zucker sich aufgelöst hat. Fügen Sie die Haferflocken zu. Rühren Sie bis auf eine Handvoll alle Cranberrys ein.
4. Füllen Sie den Teig in die Form. Bestreuen Sie den Teig mit den restlichen Cranberrys. Backen Sie ihn 30–35 Minuten, bis er goldgelb ist. Schneiden Sie ihn in Rechtecke und lassen Sie ihn in der Form auskühlen.

TIPPS

* Geben Sie eine Handvoll Nüsse und Saaten zu, um andere Geschmacksrichtungen zu erhalten.
* Für eine fruchtige Note können Sie die Cranberrys durch Datteln ersetzen. Hacken Sie dazu die Datteln grob, bevor Sie sie dem Teig zufügen.

Elisabeths Zitronenschnitten

ERGIBT 8–10 STÜCK • VORBEREITUNGSZEIT: 30 MINUTEN • GARZEIT: 1 STUNDE •

Süß und klebrig, mit einem spritzig-säuerlichen Ausklang. Eine Gaumenfreude.

280 g **Weizenmehl**, plus zusätzlich 35 g **Weizenmehl**
80 g **Puderzucker**
1 TL **Salz**
225 g kalte **Butter**
4 **Bio-Eier**
350 g **Zucker**
120 ml **frischer Zitronensaft**
½ TL **abgeriebene Zitronenschale**
1 TL **Backpulver**
Puderzucker zum Bestreuen

1. Heizen Sie den Backofen auf 170 °C/Gas Stufe 3½ vor.
2. Kneten Sie für den Mürbeteig 280 g Mehl, Puderzucker, Salz und Butter in der Küchenmaschine, bis Sie einen krümeligen Teig haben.
3. Achten Sie darauf, dass die Butter nicht zu warm wird, denn das verändert die Teigbeschaffenheit. Kneten Sie nur so lange, bis der Teig eine Kugel bildet.
4. Legen Sie eine 30 cm x 20 cm große Backform mit dem Teig aus.
5. Backen Sie den Teigboden 20–25 Minuten im Ofen, bis er goldgelb und fest ist. Lassen Sie ihn dann leicht abkühlen, während Sie die Füllung zubereiten.
6. Schlagen Sie in einer Schüssel die Eier schaumig. Geben Sie Zucker, Zitronensaft und -schale zu. Sieben Sie die verbliebenen 35 g Mehl und das Backpulver in eine andere Schüssel und rühren Sie die Mischung unter die Eier. Geben Sie die Füllung auf den Kuchenboden und backen Sie den Kuchen 25–30 Minuten im Ofen, bis die Füllung gerade fest ist.
7. Lassen Sie den Kuchen in der Form auskühlen. Bestreuen Sie ihn mit Puderzucker und schneiden Sie ihn in Rechtecke oder Rhomben. Diese halten sich gut bis zu 3 Tage in einem luftdichten Gefäß.

TIPP

* Bestreuen Sie den Kuchen mit Lavendelblüten, wenn Sie welche zur Hand haben.

Cashewriegel mit Aprikosen & Pistazien

ERGIBT 8 RIEGEL • VORBEREITUNGSZEIT: 20 MINUTEN + EINWEICHZEIT FÜR DIE SAMEN
GARZEIT: 2 STUNDEN • ❤ ✓ WF GF MF V

Dieses Rezept ergibt einen gesunden Riegel, der Sie auf einem langen Fußmarsch in Trab hält oder Ihre Energiereserven nach einem Fitnesstraining auftankt.

175 g **Sesamsaat**, eingeweicht und getrocknet
110 g **Cashewkerne**, fein gehackt
1 Prise **Meersalz**
2 EL **brauner Reissirup**
2 EL **Tahini**
2 EL **Yacon-Sirup**
2 TL **abgeriebene Zitronenschale**
60 g **geröstete und gesalzene Pistazien**, ohne Schale und grob gehackt
80 g **getrocknete Aprikosen**, gehackt

Für die Feigenpaste:
60 ml **Wasser**
2 Tropfen **Vanillearoma**
80 g **getrocknete Feigen**
1¼ TL **gemahlener Ingwer**
¼ TL **gemahlener Kreuzkümmel**

Für den Überzug:
80 g **Sesamsaat**, leicht geröstet

1. Den Backofen auf 110 °C vorheizen. Legen Sie eine 30 cm x 20 cm große Backform mit Backpapier aus. Vermischen Sie Sesamsaat, Cashewkerne und Salz in einer Schüssel.
2. Wasser mit Vanillearoma aufkochen und über die Feigen gießen. Lassen Sie die Feigen 15 Minuten ruhen und pürieren Sie sie dann im Mixer mit Ingwer und Kreuzkümmel.
3. Mixen Sie Reissirup, Tahini, Yacon-Sirup und Zitronenschale in einer Schüssel. Fügen Sie das Feigenpüree zu. Vermengen Sie die feuchten mit den trockenen Zutaten. Heben Sie Pistazien und Aprikosen unter.
4. Streuen Sie die Hälfte des Sesams in die Backform und drücken Sie den Teig darauf, bis er 1–1,5 cm dick ist. Die restliche Saat darüberstreuen.
5. Backen Sie den Teig 1 Stunde. Wenden Sie den Kuchen. Backen Sie ihn 1 weitere Stunde. Lassen Sie ihn in der Backform auskühlen, dann schneiden Sie ihn in Riegel.

TIPP

* Yacon-Sirup kann durch mehr braunen Reissirup oder Agavensirup ersetzt werden.

Sport

Georges Eiscreme-Sandwich

ERGIBT 12 SCHEIBEN • VORBEREITUNGSZEIT: 10 MINUTEN + 2 STUNDEN EINWEICHZEIT
GARZEIT: 2 STUNDEN • ❤ ✓ WF GF MF V

Eine milch- und zuckerfreie Leckerei für Sie und alle Kinder in Ihrem Leben.

200 g **Mandeln**
50 g **geschälte Hanfsamen**
150 g **frische Datteln**, gehackt
Mark aus ½ **Vanillestange**
1 Prise **Meersalz**

1. Weichen Sie die Mandeln 2 Stunden in Wasser ein. Gießen Sie das Wasser ab und pürieren Sie die Mandeln im Mixer zu einer Paste.
2. Heizen Sie den Backofen auf 110 °C/Gas Stufe ¼ vor.
3. Geben Sie Hanfsamen, Datteln, Vanillemark und Salz zu den Mandeln und zerkleinern Sie alles im Mixer in Intervallen.
4. Rollen Sie den Teig auf Backpapier 2 mm dick aus. Schneiden Sie mit einem Plätzchenausstecher Kreise von 5 cm Ø aus. Rollen Sie die Teigreste erneut aus, bis Sie 12 Scheiben haben. Lassen Sie die Kreise 2 Stunden im Ofen trocknen.
5. Für die Eiscreme-Sandwiches legen Sie 1 Kugel der bevorzugten Eissorte zwischen 2 Scheiben. An kleine Kinder überreichen. Seien Sie vorbereitet, die Waschmaschine anstellen zu müssen.

Ich mag diese schwer zu kauenden Kekse wegen ihrer Textur und ihres leckeren Geschmacks. Süßspeisen, die mit alternativen Zutaten hergestellt werden, stillen Heißhunger besser. Deshalb werden Sie davon weniger essen.

CLAIRE

KEKSE

Ausstechplätzchen

ERGIBT CA. 24 STÜCK • VORBEREITUNGSZEIT: 15 MINUTEN + 2 STUNDEN KÜHLZEIT
GARZEIT: 15 MINUTEN • V

Sie brauchen die richtige Art Teig, um Ausstechplätzchen zu machen – einen Teig, der während des Backens seine Form behält. Dieses Rezept kann ein Grundrezept in Ihrem Backrepertoire werden, besonders wenn Sie kleine Kinder haben. Sie können die mürben, leichten Plätzchen an Weihnachten oder für Kinderpartys machen.

225 g sehr weiche **Butter**
400 g **Zucker**
2 **Bio-Eier**
2 Tropfen **Vanillearoma**
560 g **Weizenmehl**
1 TL **Backpulver**
1 Prise **Salz**
Eiweißglasur

1. Schlagen Sie Butter und Zucker mit einem elektrischen Handrührgerät schaumig.
2. Geben Sie erst die Eier einzeln zu, dann das Vanillearoma.
3. Vermengen Sie Mehl, Backpulver und Salz. Geben Sie die Hälfte davon in die Butter-Zucker-Mischung und verrühren Sie alles bei niedriger Stufe, bis es gerade vermischt ist.
4. Fügen Sie die restliche Mehlmischung zu und rühren Sie weiter, bis alles gut vermischt ist.
5. Halbieren Sie den Teig und wickeln Sie jede Kugel in Frischhaltefolie ein. Sie können eine Hälfte einfrieren, wenn Sie möchten. Stellen Sie den Teig, den Sie verarbeiten, ca. 2 Stunden oder über Nacht kalt, bevor Sie ihn ausrollen.
6. Heizen Sie den Backofen auf 160 °C/Gas Stufe 3 vor. Legen Sie einige Backbleche mit Backpapier aus.
7. Bestreuen Sie eine Arbeitsfläche leicht mit Mehl, dann rollen Sie den Teig etwa 5 mm dick aus. Stechen Sie Formen mit Plätzchenausstechern aus und legen Sie die Kekse auf die Backbleche. Stellen Sie sie 15–20 Minuten kalt. Backen Sie sie 15 Minuten, bis sie goldgelb sind. Legen Sie sie auf ein Kuchengitter und lassen Sie sie auskühlen.

Maggies zarte Choco-Chips-Cookies

ERGIBT 24 STÜCK • VORBEREITUNGSZEIT: 15 MINUTEN • GARZEIT: 11 MINUTEN • WF GF V

Zart schmelzend, schokoladig, aber ohne Mehl und Zucker.

280 g **glutenfreies Mehl**
2 TL **Natron**
½ TL **Meersalz**
200 g **dunkle Schokoladenchips** oder Schokolade in Stücken
50 ml **Agavensirup**
200 ml **Ahornsirup**
125 g **Butter**, zerlassen
5 Tropfen **Vanillearoma**
Meersalz zum Bestreuen

1. Heizen Sie den Backofen auf 180 °C/Gas Stufe 4 vor. Legen Sie ein Backblech mit Backpapier aus.
2. Vermengen Sie alle trockenen Zutaten inklusive der Schokolade in einer Schüssel.
3. Mischen Sie alle feuchten Zutaten in einer zweiten Schüssel.
4. Rühren Sie die feuchten Zutaten unter die trockenen. Vermengen Sie alles gut, aber rühren Sie nicht zu stark, sonst entweicht die Luft aus dem Teig.
5. Geben Sie löffelweise die Cookie-Mischung auf das Backblech. Bestreuen Sie die Cookies mit Meersalz.
6. Backen Sie die Cookies 11 Minuten, dann lassen Sie die Kekse auf dem Blech kurz abkühlen, bevor Sie sie auf ein Kuchengitter legen.

Sie können das Rezept auch beliebig variieren. Wir ersetzen die dunkle Schokolade gern durch weiße Schokolade und getrocknete Heidelbeeren, oder wir geben Milchschokolade und geröstete Pekannüsse zu oder Walnüsse und Haselnüsse zu der dunklen Schokolade im Originalrezept. Maggie gehört zu unseren Lieblingsbäckerinnen. Sie verwendet Weizenmehl anstelle des glutenfreien Mehls und Ahornzucker statt Agavensirup. Ich habe hier Agavensirup als Alternative vorgeschlagen, falls Sie keinen Ahornzucker zur Hand haben. Maggie gibt manchmal auch ½ Teelöffel Melasse zu.

CLAIRE

TIPPS

* Diese Cookies schmecken am nächsten Tag sogar noch besser. Genießen Sie sie mit einem Glas Haselnussmilch.
* Sie können das glutenfreie Mehl auch durch normales Weizenmehl ersetzen, wenn Sie keine Glutenintoleranz haben.

Lises Kirsch-Mandel-Cookies

ERGIBT 15–20 COOKIES • VORBEREITUNGSZEIT: 20 MINUTEN • GARZEIT: 10–12 MINUTEN • V

Das Rezept basiert auf Lises Hafer-Rosinen-Plätzchen, die wir im Restaurant anbieten. Diese Variante hat einen süßen Sommer-Touch. Wenn Sie die Originalversion machen möchten, ersetzen Sie die Schokochips, Kirschen und Mandeln einfach durch Rosinen (siehe Bild).

200 g weiche **gesalzene Butter**
235 g **Rohrzucker**
2 **kleine Bio-Eier**
130 g **Weizenmehl**
½ TL **Natron**
185 g **Haferflocken**
150 g **getrocknete Sauerkirschen**
50 g **Mandelblättchen**
75 g **Schokochips**

1. Heizen Sie den Backofen auf 180 °C/Gas Stufe 4 vor. Fetten Sie mehrere große Backbleche ein oder legen Sie sie mit Backpapier aus.
2. Schlagen Sie Butter und Zucker schaumig. Geben Sie ein Ei nach dem anderen zu und mixen Sie alles, bis die Masse leicht und luftig ist.
3. Vermengen Sie Mehl, Natron, Haferflocken, Kirschen, Mandelblättchen und Schokochips und rühren Sie alles unter die Buttermischung. Rühren Sie den Teig nicht zu stark.
4. Formen Sie aus dem Teig mithilfe eines Eisportionierers oder zwei Esslöffeln Bällchen von ca. 5 cm Ø. Setzen Sie die Teigbällchen mit 25 cm Abstand voneinander auf die vorbereiteten Backbleche. Jeder Cookie dehnt sich auf ca. 10 cm Ø aus. Ist der Teig kalt, gehen die Cookies nicht so stark auseinander. Drücken Sie dann die Bällchen vor dem Backen flach.
5. Backen Sie die Cookies 10–12 Minuten im Ofen, bis sie goldgelb sind. Wenn Sie die Cookies aus dem Ofen nehmen, sind sie noch sehr weich. Sie werden fester, sobald sie abkühlen. Lassen Sie sie für einige Minuten auf dem Backpapier liegen, bevor Sie sie zum Auskühlen auf ein Kuchengitter geben. Bewahren Sie sie in luftdichten Gefäßen auf.

Lise entdeckte ihre Liebe zum Backen in der Küche ihrer Mutter. Ihre Mutter hatte in Dänemark vor der Küche einen Obst- und Gemüsegarten in der Nähe eines wilden Kiefernwäldchens, das sich über die sanften Hänge zum Meer erstreckte. Alles in der Küche ihrer Mutter war biologisch-dynamisch, und das ist es in Lises Bäckerei Honeyrose immer noch.

VIOLET -Kokosmakronen

ERGIBT 12 STÜCK • VORBEREITUNGSZEIT: 5 MINUTEN • GARZEIT: 15 MINUTEN • ❤ WF GF MF

Diese Plätzchen haben eine einzigartige knusprige Konsistenz. Eine Warnung: Sie machen süchtig. Violet ist der Name von Claires Bäckerei und Geschäft im Wilton Way sowie von ihrem Stand auf dem Broadway Market in Hackney, London.

3 **Eiweiß** von **Bio-Eiern**
150 g **Feinstzucker**
1 Prise **Salz**
2 TL **Honig**
150 g **Kokosraspel**
1–2 Tropfen **Vanillearoma**

1. Heizen Sie den Backofen auf 150 °C/Gas Stufe 2 vor. Legen Sie ein Backblech mit Backpapier aus.
2. Vermischen Sie Eiweiß, Zucker, Salz, Honig und Kokosraspel in einem großen Topf bei mittlerer Hitze. Rühren Sie die Mischung ständig, bis alles aufgelöst ist und sie anfängt, am Boden zu haften.
3. Nehmen Sie den Topf vom Herd und rühren Sie das Vanillearoma ein.
4. Lassen Sie die Mischung auskühlen. Stechen Sie mit einem Eisportionierer 12 gleich große Makronen aus. Setzen Sie diese auf das Backblech.
5. Backen Sie die Makronen 10–15 Minuten, bis sie goldgelb und fest sind. Lassen Sie die Makronen auskühlen, bevor Sie sie vom Blech nehmen.

TIPPS

* Der Trick für perfekte Makronen besteht darin, die Zutaten im Topf so lange zu rühren, bis sie anfangen auszutrocknen.
* Das Vanillearoma können Sie auch weglassen.

Die Freundschaft zu Henry und Mima habe ich diesen Makronen zu verdanken. Sie kamen immer wieder an meinen Marktstand, um sie zu kaufen.

CLAIRE

Haferplätzchen

ERGIBT 12 STÜCK • VORBEREITUNGSZEIT: 15 MINUTEN + 30 MINUTEN KÜHLZEIT
GARZEIT: 10 MINUTEN • ✓ V

Diese Plätzchen sind buttrig und mürbe. Sie schmecken sehr gut zu Hartkäse und können auch wunderbar mit Nussbutter bestrichen werden.

250 g **Hafermehl** (oder fein gemahlene Haferflocken)
150 g **Dinkelmehl**, plus zusätzlich Mehl zum Bestäuben
100 g **Vollkorndinkelmehl**
½ TL **Natron**
250 g **Butter**
1 TL **Salz**
1 **Bio-Ei**

1. Vermengen Sie alle Mehlsorten mit dem Natron. Reiben Sie die Butter mit Ihren Fingerspitzen in die Mehlmischung, bis sie gerade eingearbeitet ist.
2. Arbeiten Sie Salz und Ei ein, bis ein Teig entsteht. Stellen Sie ihn mind. 30 Minuten kalt.
3. Heizen Sie den Backofen auf 180 °C/Gas Stufe 4 vor und legen Sie ein Backblech mit Backpapier aus.
4. Rollen Sie den Teig auf einer leicht bemehlten Arbeitsfläche ca. 3 mm dick aus. Stechen Sie die Plätzchen mit einer runden Ausstechform aus oder rollen Sie Teigkreise von 18 cm Ø aus und vierteln Sie diese.
5. Geben Sie die Plätzchen auf das Backblech und backen Sie sie ca. 8–10 Minuten. Lassen Sie sie auskühlen. Sie können sie frisch verzehren oder in einer Dose bis zu 1 Woche aufbewahren.

TIPPS

* Diese Plätzchen können Feuchtigkeit aufsaugen und weich werden, wenn man sie offen liegen lässt. Legen Sie sie dann auf ein mit Backpapier ausgelegtes Backblech und backen Sie sie 5 Minuten im vorgeheizten Backofen bei 160 °C/Gas Stufe 3.
* Zusammen mit Stilton-Käse sind die Plätzchen ein fester Bestandteil der englischen Weihnachtstradition.

MUFFINS, CUPCAKES & BRÖTCHEN

Lachs-Dill-Muffins

ERGIBT 6 STÜCK • VORBEREITUNGSZEIT: 15 MINUTEN • GARZEIT: 20 MINUTEN

Ein pikanter Frühstücksmuffin.

240 g **Weizenmehl**
2 TL **Backpulver**
165 g **geriebener Käse**
50 g gehackter **Räucherlachs**
20 g gehackter **frischer Dill**
1 **Bio-Ei**
180 ml **Buttermilch**
75 ml **Pflanzen-** oder **Sonnenblumenöl**
100 g **Frischkäse**

1. Heizen Sie den Backofen auf 180 °C/Gas Stufe 4 vor und setzen Sie Papierförmchen in eine 6er-Muffinform.
2. Vermischen Sie Mehl und Backpulver in einer Schüssel. Geben Sie Käse, Lachs und Dill zu.
3. Schlagen Sie in einer anderen Schüssel Ei, Buttermilch und Öl auf.
4. Geben Sie die Hälfte der flüssigen Zutaten in die trockenen Zutaten und vermengen Sie alles sorgfältig. Rühren Sie den Rest der flüssigen Zutaten unter, bis ein glatter Teig entsteht.
5. Füllen Sie die Papierförmchen bis zur Hälfte mit Teig und setzen Sie 1 Teelöffel Frischkäse in die Mitte jedes Muffins. Füllen Sie die Förmchen mit Teig auf.
6. Backen Sie die Muffins 10 Minuten, drehen Sie die Form anschließend so, dass der vordere Teil hinten ist. Backen Sie die Muffins weitere 10 Minuten.

Unsere Freundin Rebecca backte diese Muffins jeden Tag zu Hause und brachte sie dann in unsere Restaurants. Bedauerlicherweise (für unsere Restaurants) ist sie jetzt Mutter zweier Kinder, und deshalb gibt es diese Muffins bei Leon nicht mehr. Wenn Sie auf diese Muffins nicht verzichten können: Hier ist das Rezept zum Selbermachen.

HENRY

George Pickards Schinken-Käse-Muffins

ERGIBT: 12 STÜCK • ZUBEREITUNGSZEIT: 15 MINUTEN • GARZEIT: 20 MINUTEN

Ein toller Snack für Kinder, wenn sie aus der Schule kommen. Viel gesünder als zuckerhaltige Kekse!

6 Scheiben **Schinken**
190 g **Cheddar**
75 g **Butter**
1 **Ei**
250 ml **Milch**
300 g selbst aufgehendes **Mehl**
½ TL **Paprikapulver**
1 Prise **Meersalz**

1. Den Backofen auf 190°C vorheizen. Eine 12er-Muffin-Form leicht einfetten.
2. Den Schinken in 1 cm große Stücke schneiden und den Cheddar reiben oder grob hacken. Butter in Stücke schneiden. Das Ei in eine Schüssel schlagen, mit der Milch verquirlen.
3. Mehl, Paprikapulver und Salz in eine große Rührschüssel sieben und die Butter von Hand mit dem Mehl vermischen, bis der Mix wie Semmelbrösel aussieht.
4. Schinken und Käse hinzufügen, Ei-Milch-Masse hinzugießen und gründlich ver mischen.
5. Mit einem Löffel in die Muffin-Form geben und 20 Minuten im Ofen backen.
6. Auf einem Kuchengitter auskühlen lassen.

George kocht sehr gerne. Diese Muffins hat er schon oft allein daheim in unserer Küche gemacht. Leider sind sie immer sehr schnell weg – sie sind einfach zu lecker!

APPLE

Hafermuffins mit Mandeln & Datteln

ERGIBT 12 STÜCK • VORBEREITUNGSZEIT: 20 MINUTEN • GARZEIT: 25 MINUTEN • ❤ ✓ V

Ein Frühstücksmuffin mit Dinkelmehl, das nicht nur bekömmlicher als andere Weizensorten ist, sondern dem Muffin auch seine besondere Textur verleiht.

100 g **ganze Mandeln** (ungeschält)
200 g **Butter**
75 g **Rohrzucker**
200 g **Haferkleie**
100 g **Haferflocken**, plus zusätzlich Haferflocken zum Bestreuen
200 g **feines Dinkelmehl**
½ TL **Salz**
1½ TL **Natron**
2 **Bio-Eier**
350 g **Naturjoghurt**
250 g **entsteinte gehackte Datteln**
abgeriebene Schale von 1 **Orange**

1. Heizen Sie den Backofen auf 170 °C vor. Fetten Sie eine Muffinform ein.
2. Verteilen Sie die Mandeln auf einem Backblech und rösten Sie sie 5–7 Minuten im Ofen.
3. Zerlassen Sie die Butter mit dem Zucker in einem kleinen Topf und stellen Sie ihn zur Seite, bis die Mischung etwas abgekühlt ist.
4. Vermischen Sie Haferkleie, Haferflocken, Dinkelmehl, Salz und Natron. Hacken Sie die Mandeln grob und rühren Sie sie in die trockenen Zutaten.
5. Mixen Sie Eier und Joghurt und rühren Sie Datteln und Orangenschale ein. Heben Sie die Butter-Zucker-Mischung unter. Mischen Sie alles mit den trockenen Zutaten, bis ein glatter Teig entsteht.
6. Geben Sie den Teig in die Muffinform und backen Sie die Muffins 20–25 Minuten im Ofen.

TIPP

* Sie können diese Muffins auch mit in Saft oder Alkohol eingeweichten Datteln machen.

Die Vorlage dieses Muffins lernte ich in der wunderbaren Bäckerei Bovine in Point Reyes, Kalifornien kennen. Dort fing ich unter der Leitung von Deborah Ruff und Bridget Devlin meine Ausbildung an. Ich habe von ihnen so viel gelernt, nicht nur über das Backen, sondern auch wie man ein kleines Geschäft führt. Diesen Muffin widme ich ihnen.

CLAIRE

Zuckerfreie Vanille-Cupcakes

ERGIBT 12 STÜCK • VORBEREITUNGSZEIT: 15 MINUTEN
GARZEIT: 25 MINUTEN • ❤ ✓ WF GF MF V

Cupcakes, die man ohne Gewissensbisse essen kann und die dennoch ein Genuss sind. Keiner wird glauben, dass sie auch noch gesund sind.

280 g **glutenfreies Mehl**
2 TL **glutenfreies Backpulver**
100 g **Kartoffelstärke**
70 g **Kokosmehl**
1 EL **Leinsamenmehl** (nach Belieben)
1½ TL **Meersalz**
150 g **Kokosfett**, zerlassen
250 ml **Agavensirup**
10 Tropfen **Vanillearoma**
150 ml **Reismilch**
½ TL **Natron**
100 ml kochendes **Wasser**

1. Heizen Sie den Backofen auf 170 °C/Gas Stufe 3½ vor und legen Sie eine 12er-Muffinform mit Papierförmchen aus.
2. Geben Sie das Mehl mit Backpulver, Kartoffelstärke, Kokos- sowie Leinsamenmehl und Meersalz in eine Schüssel. Vermengen Sie alles mit einem Schneebesen.
3. Mischen Sie in einer zweiten Schüssel Kokosfett, Agavensirup, Vanillearoma und Reismilch. Vermengen Sie in einer weiteren Schüssel Natron und Wasser und rühren Sie die Mischung unter die anderen flüssigen Zutaten.
4. Gießen Sie ein Viertel der flüssigen Zutaten zu den trockenen und verrühren Sie alles. Geben Sie nach und nach die verbliebene Flüssigkeit zu, bis alles eingearbeitet ist und ein Teig entsteht.
5. Verteilen Sie den Teig auf die Papierförmchen und backen Sie die Cupcakes 20–25 Minuten, bis ein Holzstäbchen, das in die Mitte der Cupcakes gestochen wird, sauber bleibt. Sie schmecken am besten frisch.

TIPPS

* Leinsamenmehl ist nährstoffreich und verleiht den Cupcakes einen nussigen Geschmack und Biss. Sie können es jedoch weglassen, wenn Sie keines finden.
* Falls Sie Kokosnuss nicht mögen (kann ich mir kaum vorstellen), können Sie das Kokosmehl durch gemahlene Mandeln ersetzen.
* Das Kokosfett kann durch ein hochwertiges geschmacksneutrales Öl wie Sonnenblumenöl ersetzt werden.

Vegane Vanilleglasur

ERGIBT 12 CUPCAKES • VORBEREITUNGSZEIT: 15 MINUTEN + ABKÜHLZEIT IM KÜHLSCHRANK • GARZEIT: KEINE • ❤ ✓ WF GF MF V

Wir meinen, dass diese Glasur vielleicht sogar besser ist als traditionelle Varianten mit Butter und Zucker. Sie ist das Ergebnis von Claires wochenlangen Experimenten mit verschiedenen milch- und allergenfreien Kombinationen.

350 ml **ungesüßte Sojamilch**
100 g **Mandelmilchpulver** (nicht gemahlene Mandeln)
50 ml **Agavensirup**
3–4 Tropfen **Vanillearoma**
Mark von 1 **Vanillestange**
340 g **Kokosfett**, zerlassen
2 EL **frischer Orangen- oder Klementinensaft**
1 TL **frischer Zitronensaft**
75 g **Cashewbutter**

1. Mixen Sie mit einem Rührstab oder in der Küchenmaschine die Sojamilch mit Mandelmilchpulver, Agavendicksaft und Vanillearoma, bis alles cremig ist.
2. Fügen Sie das Vanillemark zu.
3. Vermischen Sie das Kokosfett mit dem Orangen- und Zitronensaft und rühren Sie die Mischung unter die anderen Zutaten. Fügen Sie die Cashewbutter zu und rühren Sie alles, bis eine glatte Glasur entsteht.
4. Kühlen Sie die Glasur über Nacht, damit das Kokosfett fest wird.

TIPPS

* Für rosafarbenen Zuckerguss ersetzen Sie 150 ml der Sojamilch durch 150 ml pürierte und durchpassierte Himbeeren.
* Sie können mit anderen Farben und Geschmacksrichtungen experimentieren.
* Wenn Sie Soja nicht vertragen, ersetzen Sie die Sojamilch durch Reismilch.

Zucchini-Cupcakes

ERGIBT 12 CUPCAKES • VORBEREITUNGSZEIT: 20 MINUTEN + KÜHLZEIT
GARZEIT: 30 MINUTEN • ✓ GF V

In Johns nächstgelegenem Dorf gibt es ein kleines Delikatessengeschäft. John liebt ihre glutenfreien Zucchini-Cupcakes. Hier kommt unsere Version der kleinen süßen Dinger.

125 g **Butter**, zimmerwarm
125 g **brauner Zucker**
2 **Eier**
175 g **glutenfreies Mehl**
1 ½ TL **Backpulver**
1 TL **gemahlener Zimt**
½ TL **gemahlene Gewürzmischung**
Saft und abgeriebene Schale von 1 **Orange** oder **Zitrone**
175 g **Zucchini**, gerieben
25 g **Walnüsse**, grob gehackt

Für das Cream-Cheese-Frosting:
25 g **Butter**, zimmerwarm
65 g **Frischkäse**
150 g **Puderzucker**
Saft und abgeriebene Schale von ¼ **Orange** oder **Zitrone**

TIPPS

* Probieren Sie das Rezept doch mal mit weniger Zucker aus und essen Sie sie zum Frühstück!

1. Den Ofen auf 180 °C vorheizen. Eine 12er-Muffinbackform mit Papierförmchen auslegen.
2. Butter und Zucker in einer Schüssel schaumig rühren. Die Eier nacheinander unterschlagen.
3. Mehl, Backpulver, Zimt und die Gewürzmischung in eine Schüssel sieben. Die Mehlmischung in zwei Portionen unter die Masse aus Butter, Zucker und Eiern rühren und dazwischen Orangen- oder Zitronensaft und -schale einrühren. Zum Schluss die geriebene Zucchini und, falls erwünscht, die Walnüsse unterheben.
4. 1 großen Löffel des Teiges in jede Muffinform füllen und die Backform auf ein Backblech stellen. 30 Minuten im Ofen backen.
5. Die Cupcakes auf einem Kuchengitter abkühlen lassen.
6. Für das Frosting Butter und Frischkäse verrühren und nach und nach den Puderzucker, den Zitronen- oder Orangensaft und die abgeriebene Schale zufügen. Sobald die Cupcakes abgekühlt sind, das Frosting darauf verteilen.

Jossys Casablanca-Plätzchen

ERGIBT: 25–30 • ZUBEREITUNGSZEIT: 15 MINUTEN • GARZEIT: 12 MINUTEN • MF

Perfekt in Kombination mit Eiscreme.

50 g **Mandeln**, ungeschält
1 **Zitrone**
1 großes **Ei**
100 g **Puderzucker**
½ TL **Backpulver**
100 g **Grieß**
Puderzucker zum Bestäuben

1. Den Backofen auf 170°C vorheizen.
2. Die Mandeln im Mixer so fein wie möglich mahlen. Die Zitronenschale fein reiben.
3. Das Ei mit dem Puderzucker zu einer hellen Masse verquirlen. Backpulver, Grieß, gemahlene Mandeln und Zitronenschale unterrühren. Gründlich mischen.
4. Ein großes Backblech mit Butter einfetten und etwas gesiebten Puderzucker in eine kleine Schüssel geben. Die Hände anfeuchten und aus einem Teil der Teigmasse eine Kugel von der Größe einer großen Murmel formen. Die Kugel zur Hälfte in den Puderzucker dippen und mit der gezuckerten Seite nach oben auf das Backblech setzen.
5. Mit dem Rest der Teigmischung ebenso verfahren und die Kugeln im Abstand von 5 cm auf das Blech legen, da sie beim Backen ziemlich auseinandergehen – eventuell müssen zwei Bleche hintereinander gebacken werden.
6. Die Plätzchen auf der mittleren Backofenschiene 10–12 Minuten backen, bis sie hellbraun werden. Mit einem Spachtel vorsichtig vom Backblech nehmen und auf einem Kuchengitter auskühlen lassen.

Diese Plätzchen sind von einer Marokko-Reise inspiriert, die Henry als Kind erlebte; er und seine Schwestern liebten diese schnell zubereiteten kuchenartigen Plätzchen.

JOSSY

Osterbrötchen aus Dinkel

ERGIBT 12 STÜCK • VORBEREITUNGSZEIT: 50 MINUTEN + 3½–3¾ STUNDEN ZEIT ZUM GEHEN
GARZEIT: 15 MINUTEN • ❤ ✓ MF V

Diese gesunden und köstlichen Brötchen sind etwas weniger süß als die meisten Hot Cross Buns. Toasten Sie sie und bestreichen Sie sie dick mit Butter – oder mit Kokosfett, wenn Sie keine Milchprodukte vertragen. Sie können den Teig am Vortag zubereiten, ihn über Nacht in den Kühlschrank stellen und dann am Ostersonntag backen.

2 Päckchen **Trockenhefe**
200 ml **Agavensirup**
200 ml **Reismilch**, leicht erwärmt, plus zusätzlich Reismilch zum Bestreichen
250 g **kräftiges Vollkorndinkelmehl**
250 g **Dinkelmehl**
1 TL **Salz**
½ TL **gemahlener Piment**
½ TL frisch geriebene **Muskatnuss**
1 TL **gemahlener Zimt**
75 g **Korinthen**
75 g **Sultaninen**
abgeriebene Schale von 1 **Orange**
1 **Bio-Ei** oder **Ei-Ersatz**
50 g **Kokosfett**, zerlassen

Für die Kreuze:
70 g **kräftiges Dinkelmehl**
1 EL **Wasser**

Für die Glasur:
75 ml **Wasser**
100 ml **Agavensirup**

1. Heizen Sie den Backofen auf 220 °C/Gas Stufe 7 vor und legen Sie zwei Backbleche mit Backpapier aus.
2. Lösen Sie die Hefe mit dem Agavensirup in der Reismilch auf und stellen Sie alles beiseite.
3. Vermischen Sie beide Mehlsorten, Salz, Gewürze, Korinthen, Sultaninen und Orangenschale.
4. Geben Sie das Ei und das Kokosfett zu der Milchmischung und gießen Sie alles über die trockenen Zutaten. Verrühren Sie alles zu einem glatten Teig und lassen Sie diesen ca. 20 Minuten ruhen.
5. Kneten Sie den Teig auf einer bemehlten Arbeitsfläche 10–12 Minuten, bis er geschmeidig ist. Stellen Sie den Teig mit einem Tuch bedeckt in einer Schüssel ca. 3 Stunden an einen warmen Ort, bis sich sein Volumen verdoppelt hat.

6. Teilen Sie den Teig in 12 Portionen. Formen Sie jede Portion zu einer Kugel und legen Sie diese in einem Abstand von 2 cm auf das Blech. Lassen Sie die Brötchen auf dem Blech nochmals 30–45 Minuten gehen und bestreichen Sie sie dann mit etwas Reismilch.
7. Verrühren Sie für die Kreuze Mehl und ca. 1 Esslöffel Wasser zu einer Paste und spritzen Sie diese mithilfe eines Spritzbeutels mit kleiner runder Tülle kreuzförmig auf jedes Brötchen. Backen Sie die Brötchen ca. 15 Minuten, bis sie goldgelb sind.
8. Erhitzen Sie für die Glasur Wasser und Agavensirup in einem kleinen Topf.
9. Sobald die Brötchen aus dem Ofen kommen, bestreichen Sie sie mit der Glasur. Servieren Sie sie warm oder getoastet mit Ihrem Lieblingsaufstrich.

Gesunde Scones

ERGIBT 12 STÜCK • VORBEREITUNGSZEIT: 25 MINUTEN • GARZEIT: 25 MINUTEN • ❤ ✓ MF V

Diese Scones werden mit einer Vielzahl alternativer Zutaten hergestellt und haben viele gesunde Nährstoffe. Doch wir lieben es auch, sie mit Clotted Cream zu essen.

100 g **glutenfreies Mehl**
100 g **Dinkelmehl**
3 TL **glutenfreies Backpulver**
1 große Prise **Meersalz**
50 g **Kokosfett**, zerlassen oder **Sonnenblumenöl**
2 EL **Ahornsirup**
5 Tropfen **Vanillearoma**
80 ml heißes **Wasser**
50 ml **Reismilch**
Clotted Cream oder **Sahneersatz** und **frische Erdbeerkonfitüre** zum Servieren

1. Geben Sie alle trockenen Zutaten in eine Schüssel. Gießen Sie das Kokosfett zu und verrühren Sie alles.
2. Rühren Sie alles außer Sahne und Konfitüre unter die trockenen Zutaten, bis ein Teig entsteht. Rühren Sie nicht zu stark.
3. Lassen Sie den Teig 10 Minuten ruhen. Legen Sie ein Backblech mit Backpapier aus und heizen Sie den Backofen auf 180 °C/Gas Stufe 4 vor.
4. Rollen Sie den Teig 1,5–2 cm dick aus. Stechen Sie mit einem Plätzchenausstecher (6 cm Ø) Kreise aus.
5. Legen Sie die Scones auf das Backblech und backen Sie sie 20–25 Minuten, bis sie sich bei Druck fest anfühlen.
6. Nehmen Sie die Scones aus dem Ofen und lassen Sie sie auf einem Kuchengitter auskühlen, bevor Sie sie aufschneiden und mit Sahne und Konfitüre bestreichen.

TIPP

* Sie können die Scones weizenfrei machen, wenn Sie das Dinkelmehl weglassen und mehr von dem glutenfreien Mehl oder Grahammehl nehmen.

UMRECHNUNGSTABELLE FÜR HÄUFIG GEBRAUCHTE MASSE IN GROSSBRITANNIEN

FLÜSSIGKEITEN

15 ml	1/2 fl oz
25 ml	1 fl oz
50 ml	2 fl oz
75 ml	3 fl oz
100ml	3 1/2 fl oz
125 ml	4 fl oz
150 ml	1/4 pint
175 ml	6 fl oz
200 ml	7 fl oz
250 ml	8 fl oz
275 ml	9 fl oz
300 ml	1/2 pint
325 ml	11 fl oz
350 ml	12 fl oz
375 ml	13 fl oz
400 ml	14 fl oz
450 ml	3/4 pint
475 ml	16 fl oz
500 ml	17 fl oz
575 ml	18 fl oz
600 ml	1 pint
750 ml	1 1/4 pints
900 ml	1 1/2 pints
1 Liter	1 3/4 pints
1.2 Liter	2 pints
1.5 Liter	2 1/2 pints
1.8 Liter	3 pints
2 Liter	3 1/2 pints
2.5 Liter	4 pints
3.6 Liter	6 pints

GEWICHTE

5 g	1/4 oz
15 g	1/2 oz
20 g	3/4 oz
25 g	1 oz
50 g	2 oz
75 g	3 oz
125 g	4 oz
150 g	5 oz
175 g	6 oz
200 g	7 oz
250 g	8 oz
275 g	9 oz
300 g	10 oz
325 g	11 oz
375 g	12 oz
400 g	13 oz
425 g	14 oz
475 g	15 oz
500 g	1 lb
625 g	1 1/4 lb
750 g	1 1/2 lb
875 g	1 3/4 lb
1 kg	2 lb
1.25 kg	2 1/2 lb
1.5 kg	3 lb
1.75 kg	3 1/2 lb
2 kg	4 lb

OFENTEMPERATUREN

110°C	(225°F)	Gas Stufe 1/4
120°C	(250°F)	Gas Stufe 1/2
140°C	(275°F)	Gas Stufe 1
150°C	(300°F)	Gas Stufe 2
160°C	(325°F)	Gas Stufe 3
180°C	(350°F)	Gas Stufe 4
190°C	(375°F)	Gas Stufe 5
200°C	(400°F)	Gas Stufe 6
220°C	(425°F)	Gas Stufe 7
230°C	(450°F)	Gas Stufe 8

Arbeiten mit unterschiedlichen Herdtypen

Alle Rezepte in diesem Buch sind mit Backöfen getestet worden, die keine Umluft haben. Wenn Sie ohne Umluft backen, sollten Sie den Kuchen auf mittlerer Schiene mittig platzieren, weil die Hitze aufsteigt und es oben heißer wird als unten. Wenn Sie einen Umluftofen benutzen, senken Sie die in den Rezepten angegebene Temperatur um 20°C. Moderne Umluftöfen lassen die Hitze gleichmäßig im Ofen zirkulieren, sodass man sich über die Positionierung des Kuchens keine Gedanken machen braucht. Selbst wenn Sie mehrere Backbleche eingeschoben haben, wird der Ventilator die Hitze gleichmäßig verteilen. Unabhängig vom Herdtyp werden Sie bald merken, dass Ihr Ofen ganz bestimmte Eigenarten hat. Deshalb müssen Sie sich nicht streng an die Angaben im Backrezept halten.

Symbolschlüssel für die Rezepte

- ❤ WENIG GESÄTTIGTE FETTSÄUREN
- ✓ GUTE KOHLENHYDRATE (NIEDRIGER GI = GLYKÄMISCHER INDEX)/GUTER ZUCKER
- WF WEIZENFREI
- GF GLUTENFREI
- MF MILCHFREI
- V VEGETARISCH
- ÜPPIGE SCHLEMMEREI
- TIPP BACKTIPPS, ZUSÄTZLICHE INFORMATIONEN UND ALTERNATIVEN

LÄNGEN

5 mm	1/4 inch
1 cm	1/2 inch
1.5 cm	3/4 inch
2.5 cm	1 inch
5 cm	2 inches
7 cm	3 inches
10 cm	4 inches
12 cm	5 inches
15 cm	6 inches
18 cm	7 inches
20 cm	8 inches
23 cm	9 inches
25 cm	10 inches
28 cm	11 inches
30 cm	12 inches
33 cm	13 inches

Index

Die Originalausgabe erschien 2013 bei Conran Octopus Ltd.

Herausgeber: Alison Starling
Redaktion: Sybella Stephens
Redaktionsassistenz: Stephanie Milner
Art Director: Jonathan Christie
Art Direction, Design & Illustrationen: Anita Mangan
Designassistenz: Abigail Read
Fotografien: Georgia Glynn Smith
Produktion: Katherine Hockley

Deutsche Ausgabe
Verlagskoordination: Marisa Botz
Satz: Marina Teschner

ISBN 978-3-8321-9480-2
www.dumont-buchverlag.de

Printed in China

Eine Anmerkung der Autoren:
Wenn nicht anders angegeben, sollten Eier der Größe M genutzt werden.
Wir haben versucht, bei der Angabe aller Vorbereitungs- und Garzeiten für die Rezepte in diesem Buch, so genau wie möglich zu sein. Trotzdem handelt es sich dabei um Schätzungen, die auf unserer eigenen Zeitnahme während des Ausprobierens der Rezepte beruhen und die als bloße Orientierungshilfe, nicht aber als wortwörtliche Wahrheit, betrachtet werden sollten. Wir waren auch bemüht, all unsere Food Facts gewissenhaft zu recherchieren, aber wir sind keine Wissenschaftler. Also sind unsere Food Facts und unsere Ernährungs-Ratschläge nicht absolut gültig. Falls Sie das Gefühl haben, dass sie Rat von einem Ernährungsberater benötigen, bitten Sie Ihren praktischen Arzt um eine Empfehlung.